BEI GRIN MACHT SICH IHR WISSEN BEZAHLT

Alexander Geldmacher

Interaktionsspiele in der Erlebnispädagogik

Ein kurzer Überblick

GRIN Verlag

Bibliografische Information der Deutschen Nationalbibliothek:

Die Deutsche Bibliothek verzeichnet diese Publikation in der Deutschen National-
bibliografie; detaillierte bibliografische Daten sind im Internet über http://dnb.d-
nb.de/ abrufbar.

Impressum:

Copyright © 2005 GRIN Verlag GmbH
Druck und Bindung: Books on Demand GmbH, Norderstedt Germany
ISBN: 978-3-640-31926-8

Dieses Buch bei GRIN:

http://www.grin.com/de/e-book/53896/interaktionsspiele-in-der-erlebnispaedagogik

GRIN - Your knowledge has value

Der GRIN Verlag publiziert seit 1998 wissenschaftliche Arbeiten von Studenten, Hochschullehrern und anderen Akademikern als eBook und gedrucktes Buch. Die Verlagswebsite www.grin.com ist die ideale Plattform zur Veröffentlichung von Hausarbeiten, Abschlussarbeiten, wissenschaftlichen Aufsätzen, Dissertationen und Fachbüchern.

Besuchen Sie uns im Internet:

http://www.grin.com/

http://www.facebook.com/grincom

http://www.twitter.com/grin_com

Erlebnispädagogik

Interaktionsspiele in der Erlebnispädagogik

HELMUT SCHMIDT
UNIVERSITÄT

Universität der Bundeswehr Hamburg

Hausarbeit

im Fach Erwachsenenbildung/Weiterbildung

an der

Helmut Schmidt Universität – Universität der Bundeswehr Hamburg

vorgelegt von

cand. paed. Alexander Geldmacher

Hamburg, Juli 2005

Gliederung

„Der Mensch spielt nur, wo er in voller Bedeutung des Wortes Mensch ist, und er ist nur da ganz Mensch, wo er spielt."

Friedrich von Schiller (1759-1805), dt. Dichter

1. Was sind Interaktionsspiele?

In der Erlebnispädagogik nehmen die so genannten Interaktionsspiele eine entscheidende Rolle ein. Hierbei ist der Begriff „Spiel" in keinem Fall in kindlicher Weise zu verstehen. Gerade durch die Strukturierung von Interaktionsspielen eignen sich diese besonders für geplante Lernsituationen. Es sind demnach alles „ernste Spiele", obwohl gelacht wird. Sie haben alle einen pädagogischen Charakter. So definiert Klaus Vopel ein Interaktionsspiel folgendermaßen: *„Ein Interaktionsspiel ist eine Intervention des Gruppenleiters [...] in die gegenwärtige Gruppensituation, welche die Aktivität aller Gruppenmitglieder durch spezifische Spielregeln für ein bestimmte Zeit, strukturiert, damit ein bestimmtes Lernziel erreicht wird."*[1] Es geht also darum, zwischenmenschliche Beziehungen und Umgangsformen konstruktiv zu verändern und zu verbessern. Arbeitsgrundlage in der Interaktionspädagogik sind Erfahrungen, welche die Beteiligten in ihrem unmittelbaren und im zwischenmenschlichen Handeln machen. Dabei erstreckt sich die Zielgruppe dieser Spiele von Pädagogen über Erzieher, Lehrer und Kindergärtner bis hin zu Managern.

Da der Mensch in der Entwicklung seiner ihn kennzeichnenden Eigenschaften immer von der Gesellschaft, in der er lebt und agiert, beeinflusst wird, kann er sich ohne Interaktion mit seiner Umwelt gar nicht weiterentwickeln. Das bedeutet gerade im Kontakt und in der Auseinandersetzung mit Menschen können wir unsere Persönlichkeit entfalten. Durch die Interaktionsspiele wird dieses wechselseitige, auf einander bezogene Handeln der Individuen angestrebt, was der Begriff „Interaktion" in Abgrenzung zu den Begriffen „reflexives und instrumentelles Handeln" beschreibt.[2] Zur Verwirklichung dieser Prozesse sind wichtige Strukturelemente erforderlich, die be-

---

[1] Vopel, Klaus: Handbuch für Gruppenleiter – Zur Theorie und Praxis der Interaktionsspiele, Hamburg 1978, S. 2.

[2] vgl. Reiners, Annette: Praktische Erlebnispädagogik, München 1993, S. 14

reits in „Kinder-Spielen" enthalten sind und sich somit auch in Interaktionsspielen wieder finden:[3]

- Regeln und Vorschriften
- Simulation der Wirklichkeit
- Sicherheitsgarantien
- Spielraum

Oftmals kennzeichnen sich Interaktionsspiele dadurch, dass es keinen bestimmten Gewinner gibt. In der Regel gewinnt die Gruppe, *„sie entwickelt sich weiter, und das wiederum führt zu positiven Erlebnissen bei den einzelnen Gruppenmitgliedern."*[4] Somit entsteht bei Interaktionsspielen kein Wettbewerbscharakter, der oftmals als wichtigste Voraussetzung für ein Spiel gilt.

Der Schwerpunkt der Interaktionspädagogik liegt auf der interpersonellen Ebene, d.h. beim sozialen Verhalten des Lernenden. Als Zielsetzung der Interaktionspädagogik lässt sich die Verbesserung und Änderung menschlichen Verhaltens definieren. Somit ist der Begriff „Soziales Lernen" eng mit ihr verknüpft. In den Lerngruppen findet sich der Mensch als soziales Wesen wieder und in ihr kann der Lernende seine Kommunikation, Interaktion, Kooperation, wenn auch meist unbewusst, weiterentwickeln (Abb. 1).

Annette Reiners differenziert soziales Lernen in vier Funktionsbereiche, wobei im zweiten Punkt der Schwerpunkt der Interaktionspädagogik liegt:[5]

1. Soziales Lernen als soziale Elementarerziehung
2. Soziales Lernen als gruppendynamisch-interaktionistische Funktion
3. Soziales Lernen als sozialpädagogische und kompensatorische Funktion
4. Soziales Lernen als emanzipative und politische Funktion

Hier ist der ganzheitliche Anspruch der an die Interaktionspiele, als eine Technik der Interaktionspädagogik, gerichtet wird, zu erkennen. Der Zweck ist nicht die Unterhaltung und Entspannung allein, *„sondern auch die Förderung bestimmter Verhaltensweisen."*[6]

---

[3] vgl. Vopel Klaus: Handbuch – Zur Theorie und Praxis der Interaktionsspiele , S. 3.
[4] URL: http://www.region-online.de/bildung/semi/projekte/interaktionsspiele.pdf [Stand Mai/Juni 2001], S.3.
[5] vgl. Reiners Annette: Praktische Erlebnispädagogik, Augsburg 2004, S. 25.
[6] Reiners Annette: Praktische Erlebnispädagogik, Augsburg 2004, S. 28.

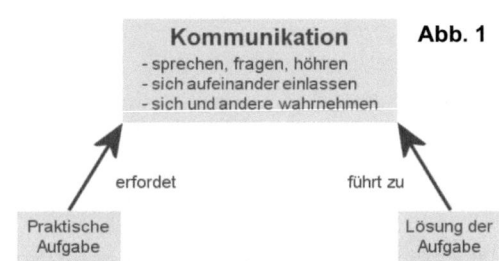

Abb. 1

Da es unterschiedliche Arten
von Interaktionsspielen gibt, welche im Folgenden näher beschrieben werden sollen,
gibt es auch unterschiedliche Zielsetzungen. So können z.b.: das Erkennen der ei-
genen Person, Steigerung des Selbstwertgefühls, Entwicklung von Offenheit, Vertrauen, Ehrlichkeit, Echtheit, Rollenverständnis, sowie das Erlernen von Konfliktlö-
sungsstrategien, Ziele der Interaktionsspiele sein.[7]

Im Folgenden möchte ich versuchen verschiedene Formen der Interaktionsspiele
und ihre Zielsetzung herauszustellen, so wie der besondere Rolle des Gruppenleiters
zu betrachten.

2. Formen der Interaktionsspiele

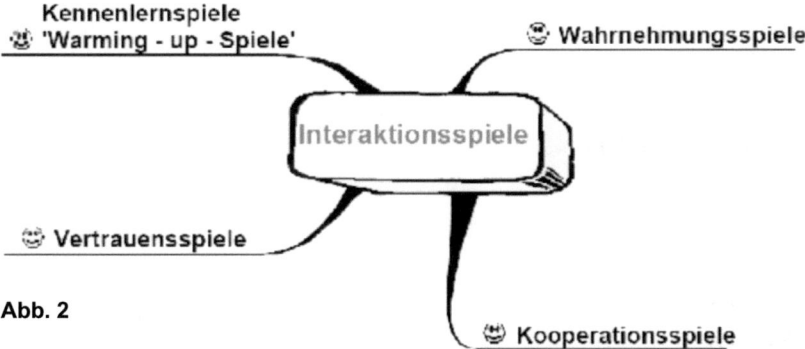

Abb. 2

Interaktionsspiele können nach verschiedenen Gesichtspunkten kategorisiert werden. So unterscheidet Klaus Vopel zwischen Unterhaltungsspielen, Kriegsspielen,

---

[7] vgl. Reiners Annette: Praktische Erlebnispädagogik, München 1993, S. 21.

Ökonomischen Spielen und Therapeutischen Spielen[8], während Anette Reiners eine Einstufung in vier Komplexitätsstufen vornimmt.[9] Im Folgenden werde ich vier Spielformen kurz beschreiben, die jeweils unterschiedlichen Komplexitätsstufen zuzuordnen sind. Dabei sehe ich von der Nennung von Spielbeispielen ab.

2.1 Kennenlern-/ Warm-Up-Spiele

Wie der Name bereits verrät, ist es das Ziel von Kennenlern-/ Warm-Up-Spielen, die Gruppenmitglieder miteinander vertraut zu machen. Sie stehen am Anfang einer Gruppensitzung o.ä. und holen die Teilnehmer alle an demselben Punkt ab und integrieren sie in die Gruppe. Da dies ausschlaggebend für den weiteren Verlauf des Seminars o.ä. ist, muss hierbei besonderer Wert auf die Durchführung gelegt werden. So kann ein Spiel, das einen Teilnehmer vor der Gruppe bloß stellt für den weiteren Verlauf entscheidend sein.[10]

Zu Beginn vieler Seminare dem Gedanken verfallen viele Menschen bei dem Gedanken an ein "Vorstellungsrunden" in Panik. Den Grund kann sich jeder vorstellen: Man sitzt in einer Gruppe Menschen, die man nicht kennt, wird angestarrt und soll etwas von sich erzählen, was man vielleicht gar nicht möchte.

Diese Tatsache allein kann der Grund dafür sein, dass man jegliche Gruppensituationen zu vermeiden versucht. Diese Ablehnung kann bei Kennenlernspielen ähnlich sein. Oftmals kann man feststellen, dass das Gestöhne, sobald nur das Wort "Kennenlernspiel" fällt, groß wird. Häufig wird dann eher widerwillig in die Spiele eingestiegen, die natürlich Spaß machen können, aber eben auch abschrecken. Hier ist die besondere Sensibilität des Gruppenleiters gefragt, auf dessen Rolle ich noch zu sprechen komme.

2.2 Wahrnehmungsspiele

Spiele dieser Kategorie dienen nicht nur der Stärkung der Sinneswahrnehmung, sondern sollen das Vertrauen innerhalb der Gruppe stärken, bzw. schaffen und die Kommunikationsfähigkeit fördern. Des Weiteren bieten sie die Möglichkeit sich selbst, die anderen und die Umwelt bewusst wahrzunehmen. *„Durch das Spiel wird das*

[8] vgl. Vopel Klaus: Handbuch für Gruppenleiter – Zur Theorie und Praxis der Interaktionsspiele, S. 3 ff..
[9] vgl. Reiners Annette: Praktische Erlebnispädagogik, Augsburg 2004, S. 30.
[10] vgl. URL: http://spiele.ejeb.de/03.htm [Stand Juni 2005]

Augenmerk auf die Wahrnehmungen gelenkt, die meist schon vorher vorhanden waren, nun aber mit Hilfe des Spiels bewusst erlebt werden."[11]

2.3 Kooperationsspiele

Mit Hilfe der Kooperationsspiele soll die Kooperationsfähigkeit gesteigert, bzw. erlernt werden. So sollen durch die Aufgaben Problemlösestrategien entwickelt werden, die in der Diskussion mit den Gruppenmitgliedern weiterentwickelt werden.[12] Unter Kooperation versteht man ein auf den Partner oder die Gruppe ausgerichtetes Verhalten. Es fordert nicht nur die Einzel-, sondern auch die Partner - oder Gruppenleistung; man kann Kooperation mit "Teamwork" vergleichen. Währen im alltäglichen Leben häufig die Einzelleistung zählt, wird in der Gruppe wiederum die Fähigkeit zu kooperieren benötigt. Der Erwerb dieser Fähigkeit kann durch Kooperationsspiele erlernt werden.

2.4 Vertrauensspiele

Um die Arbeits- und Handlungsfähigkeit von Gruppen zu erhöhen, ist eine Verstärkung des Vertrauens notwendig. So sollen Vertrauensspiele den Teilnehmern eine gewisse Risikobereitschaft für ungewöhnliche Lösungen näher bringen. So soll die Erkenntnis gefestigt werden, dass man sich sowohl auf die Gruppe, wie auch auf ihre Einzelmitglieder verlassen kann.[13] Der Sicherheitsaspekt darf bei Vertrauensspielen nicht vernachlässigt werden, hier liegt die Verantwortung beim Gruppenleiter. Daher sollten Vertrauensspiel nur mit Gruppen durchgeführt werden, die sich schon annäherungsweise kennen, da sonst keine geeignete Basis für Vertrauen vorhanden ist.

3. Die Rolle des Gruppenleiters

„[...]sein oberstes Ziel sollte es sein, überflüssig zu werden"[14], so beschreibt Anette Reiners die Rolle des Gruppenleiters. Ein Gruppenleiter sollte sich im Hintergrund halten und so wenig wie möglich in das Gruppenverhalten eingreifen, denn nur so

---

[11] URL: http://www.evaluna.de/info/spielpaedagogik.html [Stand September 2003]
[12] vgl. URL: http://www.region-online.de/bildung/semi/projekte/interaktionsspiele.pdf [Stand Mai/Juni 2001], S. 16
[13] vgl. URL: http://www.praxis-jugendarbeit.de/spielesammlung/spiele-vertrauen.html [Stand Juni 2005]
[14] Reiners Anette: Praktische Erlebnispädagogik, München 1993, S. 46.

entstehen weitestgehend natürliche Gruppenprozesse, die sich qualitativ auswerten lassen. Des Weiteren stellt sie drei Anforderungen an den Erlebnispädagogen und damit zugleich fähigen Gruppenleiter:[15]

1. Er muss Architekt von Lernsituationen sein, in denen die Teilnehmer die Möglichkeit bekommen, sich selbst und sich selbst als Gruppenmitglied zu erfahren

2. Er muss die Erfahrungen der Teilnehmer aufarbeiten und sie reflektieren, um eine Übertragung ins Alltagsleben zu ermöglichen

3. Er muss für die Sicherheit der Teilnehmer Sorge tragen

Im Einzelnen sollte der Gruppenleiter allgemeine Kenntnisse von Gruppendynamik besitzen, um die jeweiligen Phasen zu erkennen und entsprechend zu reagieren. Er sollte genügend Einsichten in die individuelle Psychodynamik aufweisen können, damit er in der Lage ist eventuelle Angstreaktionen zu erkennen und diesen so entgegenzuwirken, dass weder die Funktion der Gruppe noch der Einzelne Schaden erleidet.[16] Ebenfalls sollte der effektive Gruppenleiter über Teilnehmererfahrungen verfügen, da er so die Gruppenverfahren selber erfahren hat und so sich besser in seine Teilnehmer und deren Situation hinein versetzen kann.

Neben den genannten Fähigkeiten muss er in der Lage sein, das Gruppenverhalten richtig zu beobachten und zu analysieren, so dass im Anschluss eine Reflektion des Erlebten durchgeführt werden kann. In dieser Reflektion muss der Gruppenleiter das Geschehen während des Spiels in Worte fassen können, um so Lernen und Bewusstmachen zu ermöglichen.

Wofür wird der Gruppenleiter also bezahlt? „Für ein überdachtes Auswählen von Lernsituationen, für genaues Beobachten der Interaktion, für das Gewährenlassen der Teilnehmer, für das Erfahrungen machen lassen, für das Erfolge und Niederlagen erleben lassen, für das aus hautnahen Konsequenzen lernen lassen usw."[17]

---

[15] vgl. Reiners Anette: Praktische Erlebnispädagogik, München 1993, S. 45.

[16] vgl. Vopel Klaus: Handbuch für Gruppenleiter – Zur Theorie und Praxis der Interaktionsspiele, S. 50.

[17] Reiners Anette: Praktische Erlebnispädagogik, München 1993, S. 46.

4. Fazit

Als Mittel zur persönlichen Weiterentwicklung eignen sich Interaktionsspiele hervorragend. Jedoch kommt es immer auf die Kompetenz des Gruppenleiters an, damit keine negativen Folgen entstehen. So dürfen die gegebenen Grenzen niemals überschritten werden, z.B.: indem es zu Mutproben kommt, oder der Gruppenzwang das Handeln bestimmt. Hierzu kann es zu physischen Schäden kommen, da ein gewisser Gefährdungsgrad überschritten wurde, aber auch zu psychischen Schäden, wenn jemand ausgegrenzt wird, weil er sich dem Gruppenzwang nicht hingibt. Hier wird deutlich, dass die Qualifikation des Gruppenleiters entscheidend ist, um negative Ergebnisse zu vermeiden.

Auch darf die Interaktions- und Erlebnispädagogik nicht als „Allheilmittel" angesehen werden, wenn „normale" pädagogische Maßnahmen keinen Erfolg gebracht haben. Besonders heutzutage ist der Begriff der Erlebnispädagogik zu einem Modewort geworden. Jedoch wird bei den Interaktionsspiele nicht auf die pädagogischen Elemente wert gelegt, sondern vielmehr auf die Handlung, so sind die erlebnispädagogischen Maßnahmen nicht mehr als jedes einfache Spiel.

5. Literaturverzeichnis

Reiners, Annette: *Praktische Erlebnispädagogik. Neue Sammlung motivierender Interaktionsspiele.* München: Fachhochschulschriften Prof. Dr. Jürgen Sandmann,
1993.

Reiners, Annette: *Praktische Erlebnispädagogik. Neue Sammlung motivierender Interaktionsspiele. 7.* Auflage, Augsburg: ZIEL – Zentrum für interdisziplinäres er-
fahrungsorientiertes Lernen GmbH, 2004.

Vopel, Klaus W.: Handbuch für Gruppenleiter. Zur Theorie und Praxis der Interaktionsspiele. 2. Auflage, Hamburg: ISKO-Press, 1978.

Internetquellenverzeichnis

Evaluna – Mobile Selbstbehauptungsschule
URL: http://www.evaluna.de/info/spielpaedagogik.html [Stand September 2003]

Evangelische Jugend Emsland-Bentheim Online-Portal, Spielreader
URL: http://spiele.ejeb.de/03.htm [Stand Juni 2005]

Praxis Jugendarbeit
URL: http://www.praxis-jugendarbeit.de/spielesammlung/spiele-vertrauen.html
[Stand Juni 2005]

Studienseminar für berufliche Schulen in Wiesbaden:
URL: http://www.region-online.de/bildung/semi/projekte/interaktionsspiele.pdf
[Stand Mai/Juni 2001]

Abbildungsverzeichnis

Abb1.:   http://www.abenteuerlager.de/Downloads/interaktionsspiele.pdf

Abb2.:   http://www.region-online.de/bildung/semi/projekte/interaktionsspiele.pdf